L'ABC DE L'ARGENT

ANDREW CARNEGIE

Traduction par
ARTHUR MAILLET

FV ÉDITIONS

TABLE DES MATIÈRES

L'ABC DE L'ARGENT 1
Le Tabouret à trois pieds 49
Andrew Carnegie 53

L'A B C DE L'ARGENT[1]

Je suppose que toute personne qui s'est adressée au public, par la parole ou par la plume, a parfois désiré que chacun abandonnât toute occupation pour l'écouter pendant quelques minutes. Tel est mon état d'esprit ce matin, car je crois qu'un grave danger menace les habitants et le progrès de notre pays, uniquement parce que la masse des cultivateurs et tous ceux qui vivent de salaires n'entendent rien à la question monétaire. Aussi vais-je m'efforcer de la traiter de façon si simple que tous pourront la comprendre.

Peut-être, un des membres du vaste auditoire que je me figure devoir tenir sous le charme de ma parole, a-t-il envie de s'écrier : « Qui êtes-vous — un scarabée d'or, un millionnaire, un baron du fer, un bénéficiaire du bill Mac Kinley ? » Avant de commencer mon discours, permettez-moi de répondre à ce gentleman imaginaire que, durant bien des années, je n'ai pas vu mille dollars en or. En ce qui concerne le bill Mac Kinley, je suis peut-être l'homme des Etats-Unis qui a le plus de raisons de s'en plaindre, parce qu'il s'est attaqué à tort et à travers aux droits sur le fer et l'acier, les réduisant de 20, 25 et 30 pour cent. Et, si cela peut m'être une recommandation près de mon interrupteur supposé, j'ai l'honneur de l'informer que je ne suis pas l'ennemi des réductions et que je me propose, en ma qualité de manufacturier américain, de continuer à défendre la consommation intérieure contre l'étranger, même avec les droits plus bas imposés à nos produits par ce bill. J'ajoute aussi que je ne suis pas partisan de la protection au-delà du point nécessaire pour permettre aux américains de rester maîtres de leur propre marché, dans une lutte équitable avec l'étranger.

Qu'un homme travaille à la mine, à l'usine, ou aux champs, qu'il soit cultivateur, ouvrier, marchand, manufacturier ou millionnaire, il a le plus grand intérêt à connaître cette question monétaire et à adopter le meilleur système. Je vous demande donc à tous d'écouter ce que j'ai à dire, car ce qui est bon pour un seul travailleur doit être bon pour tous, et ce qui nuit à l'un doit nuire à tous, pauvres ou riches.

Je vous parlerai d'abord de l'origine de l'argent et ensuite de sa nature. Voici comment on arriva à l'usage de l'argent :

Dans le passé, quand les gens se bornaient à cultiver les champs, quand le commerce et les manufactures n'existaient pas, les hommes avaient peu de besoins et ils se passaient d'argent. Quand ils désiraient un objet qu'ils n'avaient pas, ils l'échangeaient contre un autre.

Le cultivateur donnait tant de boisseaux de grain pour une paire de souliers ; sa femme tant de boisseaux de pommes de terre pour un chapeau. Toutes les ventes et tous les achats étaient ainsi faits, au moyen d'échanges, c'est-à-dire du troc.

A mesure que la population augmenta et que ses besoins s'accrurent, ce système devint très incommode. Alors un homme ouvrit dans la région un entrepôt général où se trouvèrent la plupart des objets qui étaient les plus demandés, et, en échange de ces objets il reçut tout article que le cultivateur lui apportait. C'était là un grand progrès, car le cultivateur qui avait besoin d'une demi-douzaine d'objets n'était plus obligé, quand il se rendait au village, de se mettre à la recherche d'une demi-douzaine de personnes différentes ayant besoin d'un ou de plusieurs des objets qu'il avait à échanger. Il pouvait maintenant s'adresser directement à un seul homme, le marchand, et, en échange de produits agricoles quelconques, il obtenait de lui la plupart des articles qu'il désirait. Il était indifférent au marchand de donner au cultivateur du thé ou du café, des couvertures ou un râteau à foin ; il lui était également indifférent de recevoir de lui, du blé, du grain ou des pommes de terre, puisqu'il pouvait envoyer ces produits à la ville et les échanger contre d'autres articles qui lui étaient nécessaires. Le cultivateur pouvait même payer les gages des hommes qu'il louait avec des « bons » pour des objets du magasin. Aucun dollar, comme vous voyez, n'a encore fait son apparition. Tout est encore troc, et échange de produits. Cela est fort incommode et fort coûteux, car les produits agricoles donnés en échange devaient être transportés de côté et d'autre, et changeaient continuellement de valeur.

Certain jour, le marchand donnait en échange d'un boisseau de froment, tant de livres de sucre, mais à la visite suivante du cultivateur, il se pouvait qu'il fût dans l'impossibilité de faire ce marché. Il lui fallait demander davantage de froment pour la même quantité de sucre. Le prix du froment s'était-il élevé, au lieu de baisser, alors soyez certain que le marchand ne mettait pas autant d'empressement à demander moins de blé qu'à en demander davantage. La même remarque s'applique à tout autre produit que le cultivateur avait à offrir. La valeur des articles que le marchand employait pour ses échanges, thé, café, sucre, vêtements, bottes et souliers, montait ou baissait.

Ai-je besoin de faire remarquer que, dans toutes ces opérations, le marchand avait l'avantage sur le cultivateur ? Il connaissait les hausses et les baisses de prix, longtemps avant le cultivateur et les signes des temps mieux que lui ou que n'importe quel autre client.

Le marchand finaud avait « la piste intérieure » tout le temps. Ici, j'attire de façon toute particulière votre attention sur le fait que le marchand prenait un des articles du cultivateur de préférence à tout autre. Cet article était toujours celui pour lequel il avait la meilleure vente — celui qui était le plus souvent demandé. Dans la Virginie c'était le tabac. Sur une grande étendue de notre pays c'était le blé, et de là vient le dicton : « Aussi bon que le blé ». Il était accepté partout, parce que c'était lui qu'on pouvait le plus facilement échanger contre tout autre objet.

Mon ami, le juge Mellon, de Pittsburg, a écrit une des meilleures autobiographies du monde, à cause du naturel de son style. Dans ce récit de sa vie, je trouve un curieux exemple de l'emploi du froment. Quand son père acheta sa ferme près de Pittsburg, il fut convenu qu'il la payerait non en « dollars » mais « en sacs de blé » — tant de sacs par an. Cela n'est pas très loin de nous.

Ce que nous appelons aujourd'hui « argent» n'était guère en usage à cette époque, dans l'ouest ou le Sud, mais son absence avait amené les gens à se servir d'un article facilement échangeable contre d'autres. Cet article était le blé, en Pensylvanie, et le tabac, en Virginie. On agissait ainsi, non en vertu d'une loi, mais uniquement parce que l'expérience avait enseigné la nécessité d'employer comme « argent », le produit qui s'était révélé le plus commode pour le paiement d'une ferme, ou pour l'échange de n'importe quel objet. Ces produits varièrent suivant les pays.

Le blé était « aussi bon que le blé », dans son emploi comme « argent », sans qu'aucune loi s'en mêlât. C'est d'eux-mêmes que les gens avaient choisi le blé comme « argent ». Le tabac étant la principale récolte de la Virginie, les habitants de cet Etat trouvèrent qu'il était « l'argent » le plus commode pour eux.

Remarquez, je vous prie, que la société humaine choisit toujours comme produit-base, comme « argent », le produit dont le prix subit le moins de fluctuations, celui qui est le plus généralement employé ou désiré, qui est le plus souvent et le plus constamment demandé, et qui a une valeur intrinsèque.

« Argent » est un mot qui désigne seulement le produit employé comme « produit-base », pour faciliter l'échange de tous les autres produits. Une loi ne saurait décréter qu'un produit a de la valeur et ensuite le choisir comme « argent ». Le produit doit commencer par faire la preuve qu'il a de la valeur, qu'il est le plus commode, et c'est ainsi qu'il devient, par lui-même et en lui-même « le produit-base», « l'argent ». Il se choisit lui-même. Le blé et le froment, quand ils étaient employés comme « produit-base », étaient aussi nettement de « l'argent » que l'or et l'argent sont de « l'argent » de nos jours.

Avançons d'un pas. Le pays devient de plus en plus peuplé, les besoins de ses habitants de plus en plus nombreux.

Des produits encombrants comme le blé et le tabac dont le prix et la qualité sont variables, et qui sont sujets à se détériorer, sont bientôt jugés incommodes et mal appropriés aux échanges croissants, et par suite, on cesse de les employer comme « argent ».

Vous saisissez bien que de nos jours, nous ne pourrions employer des céréales, en guise d'« argent».

C'est alors que la supériorité des métaux se manifesta. Ils ne se détériorent pas, ne changent pas de valeur si rapidement, et ils partagent avec le blé et le tabac, la qualité essentielle d'avoir une valeur intrinsèque, indépendante de leur emploi comme base d'échange.

Ils sont recherchés comme ornements personnels et employés dans les manufactures et dans les arts à mille usages. Et c'est à cela seul qu'ils doivent de pouvoir être employés comme « argent ». Essayez de calculer pour combien d'usages l'or est recherché, parce qu'il convient le mieux à ces usages. Nous le trouvons partout. Nous ne pouvons même pas nous marier sans un anneau d'or.

Les métaux ont une valeur marchande puisqu'ils servent à d'autres usages que celui d'« argent » ; leur production est limitée et ne peut être augmentée aussi facilement que celle du blé et du tabac, et de là vient qu'ils sont sujets à des variations de valeur, moindres que celles de n'importe quel autre article employé auparavant comme « argent ». Cela est d'une importance vitale, car la qualité essentielle du produit employé comme base pour l'échange de tous les autres articles, c'est la fixité de valeur. Les hommes instinctivement ont toujours cherché à employer comme « argent » le produit qui ressemble le plus à l'étoile polaire dans ses rapports avec les autres étoiles du ciel — c'est-à-dire le produit qui change le moins de valeur, tout comme l'étoile polaire est celle qui change le moins de position dans le ciel. Ce que l'étoile polaire est parmi les étoiles, le produit que les peuples choisissent comme « argent », l'est parmi les autres produits. Tous les autres produits gravitent autour de celui-là, comme les étoiles gravitent autour de l'étoile polaire.

Nous avons maintenant abandonné tous les produits qui peuvent s'avarier et nous avons choisi comme « argent » les métaux, ou plutôt les métaux ont prouvé qu'ils étaient supérieurs à tout autre produit, en tant qu'étalon de la valeur, c'est-à-dire en tant qu'« argent ». Mais il restait un grand pas à franchir. Quand j'étais en Chine, je recevais comme monnaie des rognures et des fragments enlevés d'un bloc d'argent et pesés devant moi dans les balances du marchand, car les chinois n'ont pas « d'argent frappé ».

Au Siam, on se sert des « cowries », jolis petits coquillages que les indigènes emploient comme ornements. Une douzaine de ces coquillages représente la valeur de 1 cent. Vous devinez aisément combien il m'était impossible d'empêcher le marchand chinois de me donner moins d'argent qu'il m'en devait ; où d'empêcher le marchand Siamois de me donner de mauvais coquillages dont j'ignorais totalement la valeur. Les nations civilisées reconnurent bientôt qu'il était nécessaire pour les gouvernements de se procurer les métaux nécessaires, et d'indiquer, au moyen de la frappe, leur poids, leur pureté et leur valeur réelle.

C'est ainsi que fut créé « l'argent monnayé », ce qui fut un grand progrès. Désormais les gens connurent à l'oeil l'exacte valeur de chaque pièce, et ils ne purent plus être volés, puisque ni pesées, ni essais n'étaient nécessaires.

Notez que la frappe du gouvernement n'ajoutait aucune valeur à la pièce. Le gouvernement ne cherchait pas à « faire de l'argent » avec rien. Il avisait seulement les gens de la valeur marchande du métal de chaque pièce, du prix exact de la matière première, en tant que métal.

Mais même après cela, beaucoup d'escroqueries se produisirent. Des fripons rognaient les bords des pièces et les battaient, de façon à les rendre fort légères. Un français habile imagina les « bords à cordons ». Par ce moyen, les vols furent arrêtés et les nations civilisées possédèrent enfin la monnaie qu'elles ont encore. Elle est la plus parfaite qui ait jamais existé, parce qu'elle a une haute valeur intrinsèque et que cette valeur varie peu.

Le produit idéalement parfait dans le rôle d' « argent » est celui dont la valeur ne change jamais. Cette fixité est indispensable pour la protection des cultivateurs, des ouvriers, de tous ceux qui travaillent, car rien ne tend à faire de n'importe quel échange de produits une spéculation, comme un « argent » dont la valeur change. Et, dans le jeu de la spéculation, la masse des gens est toujours assurée d'être victime de quelques spéculateurs mieux renseignés.

Rien ne place les cultivateurs, les salariés et tous ceux qui ne s'occupent pas spécialement d'affaires financières, dans un si grand état d'infériorité que d'échanger leur travail ou leurs produits contre de l'« argent » à valeur variable.

Tous ces hommes sont exactement dans la situation du cultivateur traitant avec le marchand, que j'ai décrite plus haut.

Vous savez tous que le poisson ne saute pas à la mouche, en temps calme. C'est quand le vent souffle et que la surface de l'eau est ridée, que la pauvre victime prend l'appât pour une véritable mouche. Ainsi, il en va des affaires de ce monde. Dans les temps agités, quand les prix montent et descendent, quand la valeur du produit employé comme argent sautille, aujourd'hui en haut et demain en bas, quand les eaux sont troubles, le spéculateur habile attrape le poisson et remplit son panier de victimes. Voilà pourquoi les cultivateurs et les ouvriers, et tous ceux qui ont des récoltes à vendre, des salaires ou des gages à recevoir, ont le plus grand intérêt à obtenir et à maintenir la fixité de la valeur du produit qu'ils sont obligés d'accepter comme « argent ».

Quand les métaux furent employés comme « argent », on s'aperçut qu'il fallait plus de deux métaux pour faire face à tous les besoins. Il n'aurait pas été sage de frapper une pièce d'or, pour toute somme inférieure à un dollar, parce que la pièce aurait été trop petite ; et nous ne pourrions employer une pièce d'argent, pour une somme supérieure à un dollar, parce que cette pièce serait trop grosse. C'est ainsi que pour les petites sommes, nous dûmes recourir à un métal d'une valeur moindre, et que nous choisîmes l'argent. Mais bientôt on constata qu'on ne pouvait employer l'argent pour les pièces inférieures à dix cents, une dîme étant la plus petite pièce d'argent possible, et il fallut choisir quelque autre métal, pour les plus petites pièces. Ce métal devait être de moindre valeur que l'argent, et nous prîmes un mélange de cuivre et de nickel, pour faire des pièces de cinq cents. Mais alors nous trouvâmes que le nickel avait encore trop de valeur pour les pièces de un et de deux cents, et nous employâmes pour ces pièces le cuivre seul. On s'efforça de faire entrer dans chaque pièce une quantité de métal aussi rapprochée que possible du montant de la valeur indiquée par la frappe du gouvernement.

Ainsi dans un cent de cuivre, nous essayâmes de faire entrer la valeur de un cent de cuivre, et dans le « nickel » la valeur d'environ cinq cents de nickel et de cuivre. Mais comme le cuivre et le nickel changent de valeur, d'un jour à l'autre, encore plus que l'argent, il est impossible de mettre dans chaque pièce la valeur exacte. Si nous y mettions la quantité qui représentait la valeur exacte à un jour donné, et que le cuivre et le nickel subissent une hausse sur le marché, les pièces seraient fondues par ceux qui font le commerce de ces métaux, et nous n'aurions plus de pièces de monnaie.

Aussi, est-on obligé de laisser une petite marge, et de mettre toujours dans ces pièces un peu moins de métal que leur valeur n'en indique. De là vient que dans l'histoire de la monnaie, ces petites pièces sont appelées : «jetons» ou « monnaie représentative » .C'est une « promesse» qu'elles pourront être échangées contre l'équivalent en or. Quiconque possède vingt « nickels » doit pouvoir obtenir en échange un dollar d'or, pour que ces pièces répondent avec sûreté à leur destination « d'argent ». Les nations, ordinairement, fixent une limite à l'usage de cette monnaie, et la rendent obligatoire par une loi, pour une quantité minime. Par exemple, en Angleterre, on ne peut obliger une personne à en prendre pour plus de dix dollars, et, dans ce pays, toutes les pièces d'argent sont assimilées à cette monnaie.

Je ne peux vous faire franchir un pas de plus dans l'histoire de « l'argent », parce que, avec la frappe des métaux, nous sommes arrivés au dernier. Mais, j'ai encore diverses choses à vous dire, à son sujet.

On pourrait s'imaginer qu'avec la frappe de pièces de métal, nous avons atteint la perfection, et que, grâce à elles, les gens ne peuvent être fraudés d'un avantage essentiel à leur bien-être — d'un « argent honnête ». Pourtant, on a trouvé le moyen de frauder les gens, même ainsi.

Les pièces de monnaie ont été parfois « altérées » par des gouvernements besogneux, après des guerres épuisantes ou après la peste, quand le pays était trop pauvre ou trop faible pour se relever de ses malheurs. Une pièce est dite « altérée », quand elle ne contient pas assez de métal pour être échangée sur le marché contre la somme indiquée sur une de ses faces par la frappe du gouvernement. Cette façon de procéder qui est toujours une fraude commise aux dépens de la masse n'est pas nouvelle. Elle est extrêmement ancienne. Cinq cent soixante-quatorze ans avant le Christ, les Grecs ont altéré leurs pièces de monnaie. Les empereurs romains les ont fréquemment altérées, quand ils se trouvaient dans des situations désespérées. L'Angleterre a altéré les siennes en l'an 1300. La monnaie écossaise fut autrefois si altérée qu'un dollar valait seulement douze cents. Les gouvernements irlandais, français, allemands et espagnols ont tous essayé des monnaies altérées, lorsque ne pouvant plus tirer directement de leurs peuples de nouvelles taxes, ils étaient réduits à tirer d'eux de l'argent par des moyens indirects. « L'altération » de la monnaie fut toujours employée comme suprême expédient. Les exemples que je viens de citer sont anciens. Les nations de premier rang, de nos jours, ne tombent plus si bas. Je dois faire une exception et j'abaisse ma tête en signe de honte, déclarant qu'elle vise la République des EtatsUnis. Chacun de ses dollars d'argent est une pièce « altérée ». Quand un gouvernement met en circulation de la « monnaie altérée », il s'écarte de tous les sages principes que l'expérience nous a enseignés. Des finances saines exigent du gouvernement qu'il certifie la valeur réelle de chaque pièce sortie de son Hôtel de la Monnaie, de façon à ce que les gens ne puissent être fraudés. Or, chaque fois que le gouvernement frappe les mots : Un dollar, sur 371 1-4 grains d'argent, il frappe un mensonge — mensonge honteux, mais hélas trop certain — car l'argent contenu dans le dollar ne vaut pas aujourd'hui un dollar, mais seulement soixante-dix-huit cents.

Une autre erreur, au sujet de l'argent, a souvent mis les nations dans l'embarras. C'est l'idée qu'un gouvernement peut « faire de l'argent », rien qu'en imprimant certains mots sur des morceaux de papier, tout comme chacun de vous pourrait « faire de l'argent », en écrivant sur une feuille de papier, la promesse de payer cent dollars à présentation de ce papier. Mais vous savez fort bien que quand vous faites cela, loin de « faire de l'argent » vous « faites une dette ». Il en est de même de tout gouvernement qui émet une promesse de payer. Et il y a ceci de commun, entre le particulier et le gouvernement qui émettent de ces billets en grande quantité, qu'ils les payent rarement. Les français agirent ainsi durant leur révolution. Plus récemment, les Etats conférés « firent de l'argent » en grande quantité ; ils émirent des bons qui maintenant valent à peine le papier sur lequel ils sont imprimés. Toute expérience de cette sorte a prouvé qu'on ne peut « faire de l'argent », quand il n'y a aucune valeur derrière. Notre propre pays a émis des billets, et les autres nations les ont achetés pour quarante cents par dollar, bien qu'ils portassent et payassent intérêt à 6 % en or, si grande est la crainte que même les billets de ce pays ne fassent pas exception au sort commun à de telles valeurs émises dans des temps difficiles. C'est uniquement parce que le gouvernement tint strictement sa promesse et qu'il remboursa ces billets, intérêts et principal, en or, jamais en argent, ou en tout autre numéraire déprécié, que leur valeur a augmenté, et que le crédit des Etats-Unis est devenu le plus élevé du monde, dépassant même celui de la Grande-Bretagne. Jamais il n'exista une preuve plus décisive de cette vérité, que, pour l'argent comme pour toute autre affaire « l'honnêteté est le meilleur procédé ». Notre gouvernement a aussi émis ces « billets » connus sous le nom de « green-backs » (dos Vert). Mais les hommes sages qui les émirent, eurent la précaution de garantir leur rachat, au moyen d'une somme de cent millions de dollars, de telle sorte que toute personne ayant un « green-back » pût se rendre au Trésor et l'échanger contre un dollar en or.

~

J'ai maintenant à vous parler d'une autre qualité, à peine croyable du métal, comme « produit-base ». Le monde entier a une telle confiance dans sa stabilité qu'on a construit sur lui, comme sur des fondations absolument sûres, une tour de « crédit », si haute, si vaste, que tout l'argent et l'or des Etats-Unis et tous les « green-backs » et billets émis par le gouvernement ne sont utilisés que pour 8 %, des échanges du pays. Allez à n'importe quelle banque, société de dépôts, manufacture, factorerie, magasin, ou place d'affaires, vous verrez que pour cent mille dollars d'affaires traitées, on n'emploie que 8.000 dollars « d'argent », et seulement pour les petites transactions. Quatre-vingt douze pour cent des affaires sont traitées avec de petits bouts de papier, chèques ou traites. C'est sur cette base aussi que reposent toutes les obligations de Gouvernement, d'Etat, des Comtés et des villes, et les milliers de millions d'obligations dont la vente a permis de construire nos grandes lignes de chemins de fer, et aussi les milliers de millions représentant les gains de la masse, déposés dans des caisses d'épargne, et que celles-ci ont prêtés à diverses sociétés. Ces obligations doivent être remboursées en « bonne monnaie », sans quoi les économies des déposants pauvres seraient perdus, en tout ou en partie.

Les affaires et les échanges de ce pays ne sont donc pas traités avec de « l'argent » — avec l'article lui-même. Exactement comme on avait jadis cessé d'échanger les produits eux-mêmes, et qu'un métal appelé « argent » avait été employé pour effectuer les échanges, on a cessé, aujourd'hui, d'employer le métal lui-même. Le chèque ou la traite de l'acheteur de produits, c'est-à-dire un bout de papier ayant pour garantie un dépôt d'or placé dans une banque, est tout ce qui est échangé entre l'acheteur et le vendeur. Pourquoi ce petit bout de papier est-il accepté par le vendeur ou par tout autre créancier ? Parce qu'il sait que s'il avait besoin de l'or que ce papier représente, il pourrait l'obtenir. Il sait aussi qu'il n'aura pas besoin de cet or. Et pourquoi ? Parce que, en échange de n'importe quel objet qu'il désire acheter, le vendeur ou tout autre de ses débiteurs acceptera son chèque, un petit bout de papier qui a la même valeur que l'or lui-même. Chacun a confiance, — et c'est là le point le plus important, que le produit base ne peut changer de valeur. Car souvenez-vous que sa hausse serait tout aussi dangereuse que sa baisse. La stabilité de la valeur est une qualité essentielle de « l'argent » pour la masse des gens.

Quand donc les gens réclament, à grands cris, qu'on mette davantage « d'argent » en circulation — c'est-à-dire davantage du produit dont nous nous servons pour l'échange des autres produits, vous comprenez qu'ils se trompent et que ce n'est pas « l'argent » qui manque. Quiconque a eu du blé, du tabac ou tout autre produit à vendre, n'a jamais éprouvé aucune difficulté provenant du manque « d'argent » chez l'acheteur, pour effectuer l'échange. Nous avons eu dans ce pays, un trouble financier très grave, il y a seulement trois mois. On disait qu'il était impossible de se procurer de l'argent pour les affaires. Ce n'était pas le métal qui manquait, mais le « crédit », la confiance, parce que, c'est avec le crédit, comme vous l'avez vu, que sont faites toutes les affaires, excepté les petites transactions qui ne méritent guère le nom « d'affaires ». Aujourd'hui l'homme d'affaires ne peut se promener dans la rue sans être accosté par des gens qui lui demandent d'accepter ce « crédit » à des taux d'intérêt très bas. A 2 % par an, on peut obtenir, de « l'argent » (crédit), quand on veut. Il n'y a pas eu une différence considérable dans la quantité « d'argent » existante, durant les 90 jours. Il y avait à peu près autant « d'argent » dans le pays, en janvier qu'en mars.

Ce n'était donc pas le manque « d'argent » qui a causé de l'inquiétude, c'est qu'on avait ébranlé les bases sur lesquelles reposaient les quatre-vingt-douze mille de chaque cent mille dollars d'affaires. Le métal lui-même et les billets —, de « l'argent » véritable, comme nous avons vu — s'appliquent seulement aux huit mille dollars. Là est le plus grand danger qui puisse se produire quand on touche à la base du crédit. Vous ébranlez directement la base sur laquelle reposent quatre-vingt-douze pour cent de tous les échanges d'affaires du pays ; — la confiance et le crédit —, et indirectement, par la même occasion, les huit pour cent des transactions petites qui sont opérées au moyen du métal lui-même, ou des billets du gouvernement. L'article étalon est la base de tout échange, à la fois des quatre-vingt-douze mille et des huit mille dollars. Si cette base est ébranlée, la vaste structure qui comprend les affaires de toutes sortes doit chanceler.

∼

J'ai fini de vous parler de la « monnaie ». Il me reste à appliquer les faits à la situation présente. Ici, nous entrons de plein pied dans la question de l'étalon d'argent. Je suis sûr que vous m'écouterez avec attention, car c'est la plus pressante des questions qui se posent à nous. Vous avez vu que notre pays, dans son progrès, a employé divers produits comme « argent », qu'il les a abandonnés quand il en a trouvé de meilleurs, et que finalement, il a adopté des pièces de métal précieux, parce que ce métal était le produit le plus parfait. Deux métaux seulement ont été adoptés par les nations civilisées comme étalon, — l'or, dans certains pays, l'argent dans d'autres. Aucun pays ne peut avoir deux étalons. Il y a des siècles, l'argent fut adopté comme étalon par la Chine, l'Inde et le Japon, et plus récemment, par les Républiques Sud-Américaines. Dans ces pays, il sert encore d'étalon. Au moment où l'on fit ce choix, il était sage. L'argent valait presque deux fois ce qu'il vaut aujourd'hui; il était stable, et répondait à tous les besoins d'un peuple rural.

Les principales nations d'Europe, et notre propre pays, ayant une civilisation plus avancée et de plus grandes transactions d'affaires, furent obligées d'adopter comme étalon, un métal plus précieux que l'argent, et elles adoptèrent l'or. Mais l'argent étant employé dans beaucoup de parties du monde, comme étalon, et dans les pays à étalon d'or, comme « monnaie d'appoint », ces nations jugèrent qu'il était indispensable de fixer la valeur en or qu'on pouvait accorder à l'argent. Cette valeur fut fixé à quinze onces et demi d'argent pour une once d'or. Je vous prie de remarquer que cela était, alors, aussi exactement que possible, la valeur marchande de l'argent et de l'or, en tant que métaux. Les nations ne cherchèrent pas à donner à l'argent une valeur fictive, mais bien sa valeur intrinsèque. Et ce qui était mieux encore, chacune des nations s'engagea, à l'expiration de la convention, à racheter en or, au prix fixé, toute la monnaie d'argent en cours. Tout marcha bien, avec cet arrangement, pendant longtemps, les nations les plus avancées avaient l'étalon d'or ; les moins avancées, l'étalon d'argent. Toutes étaient également bien servies.

Mais alors qui donc a soulevé cette question de l'argent que chacun discute ? Ce simple fait ; tandis que la production et par suite la valeur de l'or restait à peu près la même, de grands dépôts d'argent étaient découverts, de surprenantes améliorations étaient faites dans les machines servant à extraire le minerai, et de plus surprenantes encore dans les machines servant à le trier. Comme une quantité de plus en plus grande d'argent était produite à un prix moindre, naturellement sa valeur tomba de plus en plus. Une once d'argent valant 1 dollar 33, en 1872, ne vaut plus aujourd'hui que 1 dollar 04. Elle est descendue à 93 cents. Elle est montée et elle est descendue. Elle a perdu la stabilité.

Dans tous les pays à étalon d'argent, cela a provoqué de la confusion et des désastres. La question dans l'Inde, avec une population de deux cent quatre vingt-cinq millions, est des plus graves. Vous voyez d'autre part, combien les républiques Sud-Américaines sont troublées par cette baisse de la valeur de leur produit-base, — qui sert à l'évaluation de tous les autres produits. Les nations européennes elles-mêmes, qui ont l'étalon d'or, sont troublées par cette « question d'argent ». C'est que grâce à l'engagement qu'elles ont pris de donner la valeur d'une once d'or à quinze onces et demi d'argent, quelques-unes d'entre elles ont eu sur les bras d'énormes quantités d'argent. La plupart prévirent ce qui allait se produire, il y a bien des années, et elles cessèrent d'augmenter leur stock d'argent. Certaines se débarrassèrent d'une bonne partie de ce stock, et s'en tinrent strictement à l'étalon d'or. Mais il existe encore dans les pays d'Europe, onze cent millions de dollars de monnaie d'argent légale, sans compter la monnaie d'appoint en argent, pour les très petites transactions. Il serait téméraire de prétendre que moins de vingt-cinq onces d'argent mis sur le marché, seraient trouvés équivalents à une once d'or. Cela est loin de la base de quinze onces et demi, sur laquelle ces pays l'avaient obtenue.

Tous les pays d'Europe se sont efforcés et s'efforcent encore de leur mieux, d'échapper à l'argent. En 1878, les nations de l'Union latine qui ont fixé le prix de l'argent, la France, la Belgique, l'Italie, la Suisse et la Grèce — ont définitivement arrêté la frappe de l'argent, comme monnaie légale, la Norvège, la Suède et le Danemark, en 1873 et 1875, se retirèrent en toute hâte de dessous l'avalanche d'argent, et, aujourd'hui s'en tiennent fermement à l'étalon d'or. La Hollande, elle aussi, adopta cet étalon. L'Autriche-Hongrie n'a pas frappé d'argent depuis 1879, excepté un petit nombre de « thalers d'argent du Levant », spécialement destinés aux besoins du commerce. La Russie, elle-même, cette nation à moitié civilisée, prit l'alarme, et échappa aussi vite que possible au danger de l'argent. En 1876, elle cessa la frappe du dangereux métal, excepté pour de petites quantités qui avaient un rapide écoulement en Chine. Vous voyez donc que tous les pays qui ont fait l'expérience de l'argent et ont découvert ses inconvénients et ses dangers, s'efforcent de s'en débarrasser. Depuis treize ans, il n'a pas été admis dans leurs Hôtels de la Monnaie, et pas une seule pièce d'argent absolument légale n'a été émise en Europe. Seule, parmi toutes les nations, notre République s'enfonce de plus en plus dans les dangers de la frappe d'argent. Quand nous aurons, à son égard, l'expérience des nations plus anciennes, nous voudrons certainement les imiter et comme elles, revenir sur nos pas, mais il sera trop tard.

Partout où il se trouve, l'argent cause des difficultés. Que faire de l'argent, dont la valeur a tant baissé ? Tel est le grave problème qui se pose à tous ces pays, et qui menace leur avenir d'un gros nuage noir.

L'argent a subi une baisse si considérable dans toutes les parties du monde, et a causé tant de troubles, que, ces années dernières, on a organisé plusieurs conférences internationales, auxquelles les États-Unis ont envoyé des délégués. Elles avaient pour objet de voir si les principales nations commerciales ne pourraient d'un commun accord, fixer pour l'argent une nouvelle valeur en or. Mais invariablement, ces conférences décidèrent qu'il était trop dangereux d'essayer de fixer une nouvelle valeur à l'argent, avant de connaître de façon plus précise l'avenir de sa production et de sa valeur, car il était possible que cette valeur tombât assez bas, que vingt-cinq ou trente onces d'argent ne valussent pas plus d'une once d'or. Nul ne peut se prononcer sur ce point. Comme notre pays possède déjà quatre cent quatre-vingt-deux millions de dollars en argent déprécié, nous dûmes conférer avec nos compagnons d'infortune et jouer le rôle de ces créditeurs qui prennent la parole dans des réunions, pour essayer de soutenir les mauvaises affaires d'un débiteur en faillite. Peut-être vous êtes-vous demandé, quand j'ai parlé de la situation de toutes les nations européennes, à l'égard de l'argent, pourquoi je ne citais pas la réserve d'argent de l'Angleterre, notre principale rivale. Veuillez me prêter quelques minutes d'attention et, ensuite méditer ma réponse. Elle n'en a pas un dollar. La France n'a pas moins de six cent cinquante millions de dollars en argent, dans sa Banque ; mais chaque dollar des réserves de l'Angleterre est représenté par le seul produit-base dont la valeur ne varie pas par l'or. Vieil oiseau sage, la chère patrie se tient sur son perchoir, sifflant sa chanson, à l'écart de tous les dangers de cette question de l'argent. Elle a fait de Londres le centre financier du monde. Pour toutes les transactions, dans les pays étrangers, on demande une traite sur Londres, parce que chacun sait que, quoi qu'il arrive, le paiement sera fait en or. Pour les hommes sages, il n'y a pas de traites sur Paris, Vienne ou New-York, Pourquoi ? Parce que les nations que représentent ces villes, en raison de leur énorme provision d'argent, courent le risque de grandes pertes, et qu'elles peuvent être amenées, par une loi, à rendre ces traites payables en argent, métal dont la valeur est si variable.

Je voudrais que les Américains étudiassent l'Angleterre, avec soin. Elle ne prend l'avis de personne. Dans les conférences où elle condescend si gracieusement à se rendre, pour la seule raison que l'Inde, qui est sous sa domination, possède l'étalon d'argent, elle traite les autres nations embarrassées de leur argent, avec une froide politesse. Sans cette raison, il est probable qu'elle déclinerait poliment toute invitation.

Quand on parle de fixer à l'argent, une valeur en or, elle répond que vraiment elle ne sait quelle décision elle prendra en cette matière. Ce qu'elle demande au ciel, c'est que les ÉtatsUnis s'enfoncent de plus en plus dans les embarras de l'argent, jusqu'à ce qu'ils ne puissent plus en sortir. Quant à elle, elle s'en tiendra à son vieux système, qui l'a rendue suprême en finance. Sa seule rivale possible n'est pas en Europe ; mais ici, aux États-Unis. Quel magnifique résultat pour l'Angleterre, si notre pays pouvait être amené à adopter l'étalon d'argent, à abandonner le seul étalon qui puisse placer une nation au premier rang dans le monde financier ! L'argent pour la République ; l'or pour la Monarchie. Voilà ce que l'Angleterre appelle de tous ses voeux, et ce à quoi tout américain doit s'opposer. Les gouvernements peuvent bien émettre toutes les lois qu'ils veulent sur l'argent. Le monde n'y prête nulle attention. Toutes les transactions d'affaires, entre les nations, continuent à avoir pour base exclusive l'or — rien que l'or — et elles continueront ainsi. La Grande-Bretagne le sait et elle agit en conséquence.

Je crois vous entendre dire avec indignation : « Comment notre pays est-il arrivé à avoir trois cent douze millions de dollars d'argent dans ses caves, comme la France, au lieu d'avoir toutes ses réserves en bon or, comme notre rivale, la Grande-Bretagne, puisque, comme elle, nous avons l'étalon d'or ? » C'est là une question que tout cultivateur et tout ouvrier devrait se poser, et à laquelle il devrait demander une réponse à ses représentants au congrès. Elle est facile à donner. Je vais vous en faire l'historique.

La valeur de l'argent, comme nous l'avons vu, avait baissé, et probablement devait baisser encore. Les nations européennes étaient écrasées sous le poids d'un grand nombre de centaines de millions de dollars d'argent, et toutes désiraient s'en débarrasser. Les propriétaires d'argent et de mines d'argent prirent l'alarme. Que faire pour soutenir le métal en baisse ? Evidemment, le gouvernement seul, pouvait se charger de cette besogne, et, toute l'influence et toutes les ressources des propriétaires d'argent furent appliquées à ce résultat. Hélas ! leur succès fut complet. On prétendit que la masse du peuple était favorable à l'argent. Si cela était vrai, il marchait, de la façon la plus directe, avec les spéculateurs, contre son propre intérêt.

La première loi tendant à donner une valeur à l'argent fut votée, en 1878. Elle obligeait le gouvernement à acheter, chaque mois, au moins deux millions d'onces d'argent. Cela se passait au moment même où tous les autres gouvernements avaient arrêté là frappe de l'argent, parce que sa valeur était devenue trop fluctuante. Les partisans de l'argent prétendaient que ces achats augmenteraient sa valeur. Disaient-ils vrai ? Non, La valeur n'augmenta pas. Alors, que faire ? « Ah, dirent ces spéculateurs à la langue d'argent, le mal vient de ce que le gouvernement n'est pas allé assez loin. Il suffit qu'il augmente ses achats, qu'il achète, chaque mois, quatre millions et demi d'onces d'argent. Cette quantité comprendra toute la production des mines de ce pays, même davantage, et ainsi la valeur de l'argent montera ». Ils avaient raison de prétendre que ces quatre millions et demi par mois étaient supérieurs à la production totale des mines d'argent des États-Unis. Sur dix millions d'argent, huit sont employés chaque année à d'autres usages que la frappe de la monnaie. Il ne reste, pour la frappe, pas plus de quatre millions. Beaucoup de gens étaient persuadés que si le gouvernement achetait de l'argent pour cette somme, chaque mois, sa valeur monterait. Elle monta, parce que beaucoup de ces gens égarés, achetèrent par spéculation, avant que la loi fut votée. L'argent s'éleva de 96 à 121 — presque à son ancien taux en or. Mais quel a été le résultat, depuis le vote de la nouvelle loi ? La cote de l'argent, à la date de ce jour, nous fournit la réponse. Elle est descendue de 121 à 97, et elle s'en tient là. Ainsi, au lieu d'être à l'abri des ennuis de l'argent, comme l'est la Grande-Bretagne et comme nous aurions dû l'être, ces hommes ont déjà réussi à passer au gouvernement trois cent quatre vingt dix millions de dollars de leur argent. Cela nous met en aussi mauvaise posture que la France, mais avec cette différence : La France et les autres nations ont prudemment cessé, il y a treize ans, d'ajouter à leur stock d'argent, tandis que notre gouvernement continue à ajouter au sien quatre millions et demi d'onces, chaque mois, lesquels lui coûtent un peu plus que ce chiffre en dollars. Les États-Unis essayent d'ignorer le changement survenu dans la position de f argent, et d'en faire l'égal de l'or, contrairement à l'opinion de toutes les autres grandes nations. Pour y réussir, nous devrions acheter non seulement la production de nos propres mines, mais la plus grande partie de la production des autres mines du monde entier. La production totale de l'argent est suffisante pour faire cent soixante six millions de nos dollars d'argent par an. De plus, nous devons être prêts à acheter la valeur de onze cent millions de dollars, sous le poids duquel les gouvernements européens fléchissent, et qu'ils cherchent à vendre. Le gouvernement par ses achats a si peu augmenté la valeur de l'argent qu'il ne pourrait aujourd'hui vendre les trois cent treize millions de dollars de ses réserves, sans perdre quelques millions sur le prix qu'il a payé aux propriétaires d'argent. Vous croirez difficilement que les comptes du Trésor établissent que le gouvernement a fait, jusqu'ici, un bénéfice de soixante sept millions sur ses achats d'argent. Cette prétention vient de ce que pour la quantité d'argent mise dans un dollar, il a seulement payé environ quatre vingt cents. Mais ce « profit » est factice. La nation, vous venez de le voir, a été amenée à des achats d'argent vraiment ridicules. Quatre millions et demi sont prélevés chaque mois, sous forme de taxes, sur les sommes que vous gagnez, non pour les besoins constitutionnels du gouvernement, mais pour essayer de soutenir un métal, en le payant un prix beaucoup plus élevé que celui qu'il atteindrait, dans d'autres conditions. Les propriétaires d'argent et de mines d'argent se servent de votre gouvernement comme d'un instrument pour s'enrichir. Certes, c'est là un fait fort regrettable, mais de bien minime importance, si on le compare aux menaces de panique et de désastres qu'il apporte avec lui, grâce à l'abandon probable de l'étalon fixe d'or, et à l'adoption de l'étalon fluctuant d'argent.

La République a aboli la honte de l'esclavage. Jusqu'à cette année, elle avait la honte, aux yeux du monde, de n'avoir pas de loi garantissant à d'autres qu'à ses propres citoyens, la propriété littéraire. Cette honte a également disparu. Mais il nous est venu la honte de la « monnaie altérée ». La grande République émet de la monnaie qui n'est pas « honnête ». Elle est la seule nation du monde qui agisse ainsi, à l'exception du Mexique qui frappe encore un peu d'argent. Nous avons la honte, mais nous ne souffrons pas encore des maux inhérents à « l'altération » de la monnaie, parce que le gouvernement consent à recevoir la monnaie altérée qu'il émet, pour un dollar, en paiement des droits et des taxes. Il la rend monnaie légale, et c'est ainsi que pour l'instant, elle passe de main en main, avec la valeur de dollars. De cette façon il a pu, jusqu'à ce jour, éviter sa dépréciation. Combien de temps pourra-t-il continuer, à émettre quatre millions et demi de ces billets et de ces pièces, par mois, et les maintenir égaux à l'or ? Nul ne peut le dire. Mais une chose est sûre. A la fin, le poids deviendra trop lourd, et, à moins que la valeur de l'argent n'augmente, ou qu'on mette dans les dollars assez d'argent pour représenter leur valeur en or, ou que les achats d'argent par le gouvernement soient arrêtés, nous tomberons tôt ou tard du régime de l'étalon d'or, à la condition de la République Argentine, ou des autres républiques Sud-africaines.

Voici ce qui arrivera de ces dollars d'argent ne contenant pas assez de métal pour être vendus comme dollars, quand les gens commenceront à craindre que le gouvernement qui les a émis, ne puisse les payer en or à la première réquisition :

Supposez que plusieurs d'entre vous aient décidé d'enlever de la forêt un énorme tronc, que vous vous soyez tous glissés dessous, et, que tendant vos cous, vous le portiez sur vos épaules. L'idée vient à quelques-uns que le poids pourrait les faire chanceler dans leur marche. Supposez alors que deux ou trois des porteurs, après avoir échangé des regards furtifs, concluent qu'ils feraient mieux de se retirer. Qu'arriverait-il ? Ce manque de confiance amènerait probablement la mort de ceux qui auraient eu l'imprudence de rester. La situation est la même à l'égard de cette délicate question de la mesure des valeurs. Quelques spéculateurs ou « scarabées d'or » prendront leurs précautions pour se tirer d'affaire, quoiqu'il arrive.

Même dans l'esprit des plus téméraires, il peut y avoir quelques doutes sur la possibilité pour les États-Unis de prendre sur leurs seules épaules, le poids du monde et de le porter, alors que toutes les autres nations réunies n'osent s'essayer à cette tâche ; et que, aucune nation, dans l'histoire du monde, a jamais réussi à donner une valeur permanente, comme étalon de monnaie, à un métal qui ne possédait pas cette valeur en lui-même. Notez que notre gouvernement jusqu'ici a atteint ce but avec ses dollars d'argent uniquement parce qu'il en a émis une quantité limitée, et qu'il a pu les rembourser en or. Il a agi exactement comme vous agiriez, en prenant une feuille de papier et écrivant dessus : « Ceci est bon pour un dollar et je promets de le payer ». Cela serait votre « fiat » monnaie. La question se pose ainsi : combien de temps pourriez-vous amener les gens à prendre ces feuilles de papier pour des dollars ? Combien de temps s'écoulerait avant que des gens soupçonneux ne prétendent que vous en avez émis trop ? Ce jour-là, vos morceaux de papier seraient perdus de réputation. Les gens commenceraient à redouter que vous ne puissiez payer tous les dollars promis, s'ils vous étaient demandés, et, à partir de ce moment, vous ne pourriez en émettre davantage. La situation pour les gouvernements est exactement la même. Tous peuvent maintenir le cours de leur « petite monnaie d'appoint», sans qu'elle contienne une quantité de métal égale à la valeur indiquée. Et ce serait un pauvre gouvernement que celui qui ne pourrait aller un peu plus loin, et amener les gens à accepter de lui de « l'argent » qui n'est de « l'argent » qu'en partie. Mais souvenez-vous que n'importe quel gouvernement aura vite fait d'épuiser son crédit, s'il continue à émettre comme « argent », ce qui n'a pas une valeur intrinsèque comme métal, sur toute la surface de la terre. Il n'est pas de nation qui n'ait dû, à certaines époques, refrapper sa monnaie « altérée », faire faillite à ses engagements et passer par les dangers et la honte de la perte de son crédit et de sa position. Dans beaucoup de cas, la monnaie « altérée » n'a jamais été remboursée, et la perte a été supportée par les gens pauvres qui la détenaient.

Pourtant, il y a dans la présente « loi d'argent » un article important qui, s'il n'est pas modifié, peut arrêter l'émission « des dollars d'argent altérés ». Cet article exige que deux millions sur les quatre millions et demi d'onces d'argent achetés, chaque mois, soient convertis en argent monnayé, pendant une année. Après cela, on ne frappera que les quantités jugées nécessaires pour le remboursement des billets d'argent émis. Comme les gens préfèrent les billets à l'argent, on n'aura besoin de frapper que peu ou point du tout de dollars d'argent, et on n'émettra que des billets d'argent. Quand le gouvernement cessera de frapper des dollars d'argent, il apparaîtra au peuple, avec son vrai caractère, celui d'un énorme spéculateur en argent, ou, plutôt comme l'instrument des spéculateurs d'argent, empilant chaque mois, dans ses caves quatre millions et demi d'onces, non sous forme de « monnaie », mais en barres. Certainement, cette situation ne peut manquer de leur révéler le véritable état des affaires, et les amener à demander qu'on mette fin à cette téméraire spéculation.

Pourtant il est beaucoup moins dangereux, sous tous les rapports, de conserver en lingot, l'argent acheté que de le frapper en « dollars altérés», parce que cela rendra plus facile, dans l'avenir, la frappe « d'honnêtes » dollars d'argent — je veux dire de dollars contenant la quantité de métal qu'exige un dollar. Au lieu de 371 grains d'argent, on devrait en employer 450 ou 460, c'est à peu près la quantité que le gouvernement obtient, en échange d'un dollar. Je ne sache pas qu'aucune loi puisse procurer à la population de ce pays un bénéfice aussi durable. Mais il y a quelque chose de plus élevé que le bénéfice matériel. C'est l'honneur de la République. La frappe du gouvernement ne devrait certifier que la vérité.

Je ne crois pas qu'il y ait aux États-Unis beaucoup de personnes, à l'exception des propriétaires d'argent, qui voudraient voter le remplacement de l'étalon d'or par l'étalon d'argent. Si les américains comprenaient bien qu'il s'agit de savoir lequel de ces deux métaux — l'argent ou l'or — doit être choisi comme étalon, ils voteraient avec unanimité en faveur de l'or, dont la supériorité est si manifeste. Or, telle est bien certainement la question en jeu, bien que les avocats de l'argent repoussent toute intention de toucher à l'étalon d'or. Ils affirment qu'ils désirent seulement donner à l'argent la situation de l'or, en tant que monnaie. Mais c'est comme si vous vouliez avoir deux chevaux arrivant « premiers » dans une course ; ou deux « meilleurs » de n'importe quoi ; ou encore, comme si vous demandiez deux drapeaux nationaux pour le même pays. De même que le citoyen d'un pays doit choisir le drapeau sous lequel il combat et meurt, de même il doit choisir entre l'or et l'argent, pour son étalon financier. Le produit-étalon ne peut pas plus partager sa souveraineté avec n'importe quel autre, que le drapeau américain ne peut partager la sienne avec tout autre drapeau dans son propre pays. La « monnaie » est soumise à cette loi : la plus mauvaise chasse la meilleure. Et la raison en est très claire.

Supposez que vous receviez, au change, une pièce d'or de cinq dollars et cinq dollars en argent. Il est permis de douter qu'un acte du congrès puisse maintenir pour toujours l'égalité entre l'argent et l'or. Quatre-vingt-dix-neuf personnes sur cent, pourront croire que la loi est capable de donner à l'argent cette valeur permanente qu'elle ne possède pas, en tant que métal. Mais, un homme sur cent, pourra avoir des doutes sur ce point. Je crois que mieux un homme connaîtra la « monnaie », plus il aura de doutes. Vous pouvez ne pas avoir de doutes, mais le fait que moi j'en ai, vous donnera cette pensée : « Après tout, il a peut-être raison, et moi j'ai peut-être tort. Je donnerai demain à Smith, mon épicier, cette pièce d'argent, et je porterai à la « vieille dame » [2] cette belle et brillante pièce d'or pour qu'elle me la mette de côté. Il n'y a pas au monde de loi votée par un congrès qui soit capable de diminuer sa valeur. Le métal qu'il contient vaut cinq dollars dans n'importe quelle partie du monde, indépendamment de la frappe du gouvernement. Ces cinq pièces d'argent valent seulement trois dollars et soixante-quinze cents comme métal. C'est bien entendu, je donnerai l'argent à Smith — l'or est assez bon pour moi ».

Soyez certains que Smith, aussitôt qu'il le pourra passera l'argent à Jones. Cet exemple sera suivi par beaucoup de personnes. Dans tout le pays, l'or disparaîtra des affaires et il ne restera en circulation que l'argent. Toute personne qui recevra de l'argent le donnera bien vite à une autre personne et lui assurera ainsi une circulation active. Toute personne qui recevra de l'or le gardera et ainsi le retirera de la circulation. Dans ces conditions, si nous essayons, par une loi, de donner à l'argent une valeur artificielle, afin de l'employer comme monnaie, au lieu d'avoir plus de monnaie, nous en aurons bientôt moins. Les sept cent millions d'or actuellement en circulation et qui sont la base de tout, s'évanouiront rapidement. Le vaste monument de crédit élevé sur cette base sera ébranlé, et la masse des gens sera obligée de recevoir des dollars d'argent, qui, au lieu d'être comme maintenant remboursables en or et valant toujours 100 cents, ne vaudront plus que soixante-dix-sept cents. Car n'oubliez pas, que, comme je vous l'ai dit, 92 % de toutes les opérations opérées avec de la « monnaie » reposent sur la confiance absolue des gens dans la fixité de la valeur de cette « monnaie ». Mettez en circulation cent dollars de pièces « altérées », en plus de la quantité à laquelle tout le monde croit qu'une valeur égale à l'or peut être conservée, aussitôt la panique et une révolution financière seront à votre porte. Vous voyez qu'une quantité plus considérable de « monnaie » qui ne pourrait être utilisée que dans 8 % de nos plus petites transactions financières, écraserait bien vite toutes les affaires importantes du pays, parce qu'elle ébranlerait la confiance sur laquelle reposent les autres 92 %. Le seul moyen d'être toujours à l'abri du danger, c'est d'émettre seulement une « monnaie » qui possède la valeur attestée par la frappe. L'Angleterre, notre seule rivale, est si rigoureusement fidèle à cette règle que, à l'heure actuelle, elle dépense deux millions de dollars, uniquement pour refrapper des pièces d'or qui, par l'usure, ont perdu quelques cents de leur valeur. Son estampille doit toujours dire la vérité. Notre république ferait bien de ne pas être moins jalouse de son honneur.

Comme vous l'avez vu, les partisans de l'argent eurent le désappointement de constater que les lois du Congrès n'avaient pu augmenter la valeur de leur métal. Deux fois, le gouvernement a cédé à leurs demandes, parce qu'on lui assurait que cette soumission aurait pour résultat de tirer le pays de sa dangereuse position, comme propriétaire d'argent. Deux fois, il a été déçu. Peut-être vous imaginez-vous que les propriétaires d'argent ont reconnu leur erreur et aidé le gouvernement à revenir sur un terrain solide, avec aussi peu de pertes que possible. Ils ont au contraire choisi le parti le plus audacieux, et ont vivement engagé le Congrès à voter la décision dont vous avez beaucoup entendu parler : « La frappe libre de l'argent ». Que signifient ces mots ? Ils signifient que le gouvernement sera obligé par une loi à ouvrir ses Hôtels de la Monnaie à tout l'argent dont les autres gouvernements européens sont embarrassés, à une partie de tout l'argent extrait des mines d'Europe; et à donner pour chaque soixante dix sept cents de ce métal, une de ces pièces que vous êtes obligés d'accepter pour un dollar entier, en échange de votre travail et de vos produits. Ils signifient que le marchand européen enverra de l'argent chez nous, qu'il le fera frapper à nos Hôtels de la Monnaie, ou l'échangera contre un billet d'un dollar argent, et ensuite achètera pour un dollar entier de blé, de grain ou de tout autre produit, avec de l'argent dont il pourrait trouver seulement soixante-dix sept cents, en Europe ou dans toute autre partie du monde. C'est ce que l'Europe fait chaque jour avec l'Inde, la République Argentine et d'autres pays à étalon d'argent. Le marchand anglais achète du blé dans l'Inde, sur la base de l'étalon d'argent déprécié, le transporte en Europe et le vend sur la base de l'étalon d'or. De la sorte, il paye si peu pour le blé de l'Inde qu'il est devenu un dangereux concurrent pour notre blé, en Europe. Cela lui serait impossible si, en raison de la baisse de l'argent, le cultivateur Indien ne tirait de ses produits une aussi insignifiante valeur. Il y a seulement quelques mois qu'on a voté le nouveau « Silver Bill » obligeant le gouvernement à plus que doubler ses achats, et déjà 8 millions de dollars d'argent de plus que ce que nous avons exporté, nous ont été envoyés par l'étranger — un fait qui ne s'est jamais produit pendant 15 ans, car nous avons toujours exporté plus d'argent que nous n'en avons importé. Actuellement, nous achetons tout ce que nos mines produisent, et nous nous embarrassons avec de l'argent d'Europe, pour lequel nous aurions dû recevoir de l'or. En dix-huit jours, durant le mois d'avril, nous avons envoyé à l'étranger neuf millions de dollars en or. Ainsi donc, vous le voyez, grâce à notre présente loi sur l'argent, l'Europe à déjà commencé à nous envoyer son argent déprécié et à nous prendre notre or pur — un échange dangereux pour le pays, et qui devrait remplir nos législateurs de honte. Remarquez, je vous prie, que jusqu'ici, sous le régime des deux lois qui l'obligent à acheter de l'argent, si mauvaises que soient ces lois, le gouvernement a pourtant obtenu le métal au prix du marché, qui est, à l'heure actuelle, environ soixante-dix cents pour 371 1-4 grains. C'est seulement cette quantité que le gouvernement a mis dans ce qu'il appelle un dollar. Sous le régime de la « libre frappe », tout cela changera. Alors, le propriétaire d'argent se procurera le dollar pour la valeur de soixante-dix-huit cents d'argent. Cette proposition, à mon avis, bat le record de l'audace, et pourtant lorsque « l'association des cultivateurs » réclame à grands cris, la « frappe libre », elle donne son appui à un plan qui consiste à prendre de la poche des gens, vingt-deux cents sur chaque dollar, pour les mettre dans la poche des propriétaires d'argent. Assurément, vous serez tous d'avis que si soixante-dix-huit cents d'argent doivent, par la volonté du gouvernement, représenter un dollar, c'est lui et non le propriétaire d'argent qui devrait prélever le profit de la différence de vingt-deux cents, sur chaque pièce, si l'opération réussit. Le gouvernement en a grand besoin, car comme je vous l'ai dit tout à l'heure, l'argent qu'il a acheté lui-même au prix marchand, ne pourrait être vendu aujourd'hui, sans une perte s'élevant à des millions.

Si la libre frappe de l'argent est imposée par une loi, nos cultivateurs se trouveront exactement dans la situation des cultivateurs de l'Inde. Et pourtant on nous dit qu'ils sont favorables à l'argent ! Si cela est vrai, on ne peut l'expliquer que par l'ignorance de leurs propres intérêts. Aucune classe d'Américains n'est aussi complètement intéressée dans le maintien de l'étalon d'or et l'abandon total des achats d'argent et des pièces altérées, que le cultivateur, parce que beaucoup de ses produits sont vendus dans des pays où existe l'étalon d'or. Si le cultivateur américain consent à accepter de l'argent au lieu d'or, cela permettra au marchand de Liverpool de faire ses achats sous le régime de l'étalon d'argent qui est actuellement de soixante-dix-huit cents pour un dollar, tandis que le cultivateur, pour tous les articles qu'il achète de l'étranger, devra payer sous le régime de l'étalon d'or. Il devra ainsi, vendre bon marché et acheter cher. C'est exactement cela qui met dans l'embarras l'Inde et les Républiques Sud-Américaines. Les prix pour les récoltes de cette saison, promettent d'être plus hauts qu'ils ne l'ont été pendant des années. Faites en sorte de les avoir sur la base de l'or.

Ouvrons nos Hôtels de la Monnaie à la libre frappe de l'argent, et offrons ainsi à toute personne de n'importe quel pays qui a de l'argent à vendre, une pièce de un dollar frappée et acceptée par le gouvernement, en échange de 371 1-2 grains d'argent, valant soixante-dix-huit cents, et chaque mine du monde travaillera nuit et jour, et chaque livre d'argent extraite, nous sera envoyée en toute hâte. Les nations d'Europe ayant déjà onze cent millions d'argent déprécié sur les bras, s'en débarrasseront promptement sur nous ; elles nous demanderont de l'or en échange de tous les produits qu'elles nous vendent, et ainsi elles nous déroberont notre or, pendant que nous prendrons leur argent. Avec la « libre frappe » en perspective, nous tomberons de l'étalon d'or à l'étalon d'argent avant même le vote de la loi. La vérité des derniers mots du regretté secrétaire Windom sera alors démontrée :

Avant que le plus rapide des lévriers de l'Océan puisse débarquer sa cargaison d'argent à NewYork, il est probable que le dernier dollar d'or sur lequel on pourra mettre la main sera mis en sûreté dans des cassettes particulières ou dans les caves des banques de dépôt, et n'en sortira qu'avec une forte prime pour l'exportation.

C'est une dangereuse mer que celle sur laquelle nous nous sommes embarqués. Pourquoi risquerions nous de compromettre l'étalon d'or pour l'étalon d'argent ? Est-ce qu'il existe quelqu'un osant prétendre que l'étalon d'argent serait plus avantageux pour le pays ? C'est impossible. Personne n'ose aller aussi loin. Tout ce que le plus enthousiaste des partisans du changement se risque à dire, c'est qu'il croit que l'argent pourrait devenir aussi bon que l'or. Nous savons tous que rien ne peut être meilleur. Demandons-nous pourquoi le propriétaire d'argent est le seul a demander qu'on donne à l'argent une valeur artificielle au lieu de sa valeur intrinsèque.

Quel intérêt y a-t-il pour quiconque, excepté pour le propriétaire d'argent, à ce que le métal argent cesse d'occuper la place que lui assigne sa nature, comme le cuivre et le nickel ? Pourquoi lui attribuerait-on d'autres mérites que les siens ? Nul n'avait de parti-pris contre lui. Il a eu une lutte loyale avec l'or. Le champ est toujours ouvert, pour lui ou pour tout autre métal, qui voudrait faire la preuve qu'il est une meilleure base de la valeur. Si l'argent obtenait une valeur marchande plus grande et plus stable que celle de l'or, il le supplanterait. Pourquoi alors ne pas donner au métal le rang qui lui est assigné par une épreuve loyale ?

L'or n'a pas besoin d'être soutenu par une loi ; il se recommande lui-même. Toute pièce d'or vaut exactement, dans n'importe quelle partie du monde, ce qu'elle prétend valoir.

Avec l'or, il n'y a ni doute, ni perte possible ; et, ce qui est non moins important, aucune chance de spéculation. Sa valeur ne peut être ni élevée, ni abaissée. Le spéculateur n'ayant aucune chance de jouer sur sa hausse et sa baisse n'en est pas partisan. Mais c'est précisément la raison pour laquelle vous devez le soutenir, puisqu'il vous donne une sécurité de valeur absolue et constante. Vos intérêts et ceux des spéculateurs sont opposés. Leurs gains sont faits de vos pertes.

Pour réclamer l'achat et la frappe d'argent, on prétend que le pays n'a pas assez d' « argent », et que la libre frappe de l'argent lui en donnera d'avantage. Mais si nous avons besoin de plus d' « argent », le seul métal qu'il soit sage d'acheter, c'est l'or. Pourquoi émettre vos billets pour de l'argent, dont la valeur baisse et ainsi entraîne à des dangers inconnus, quand pour ces mêmes billets, vous pouvez avoir le produit pur et solide par excellence, la seule vraie monnaie, l'or, qui ne saurait, en aucune façon, faire courir au pays le risque d'une perte ? Mais est-il vrai que le pays n'a pas assez d'« argent » — je veux dire du produit monnayé qu'on emploie pour les échanges des autres produits ?

Si c'était vrai, ce serait une découverte. Nous n'avons pas souffert du manque de monnaie « frappée » dans le passé. Il y a en circulation, pour chaque homme, femme et enfants, cinq dollars d'« argent », de plus qu'il y en eut jamais. Nous avons plus « d'argent » par tête qu'aucun autre pays d'Europe, excepté la France où les gens n'emploient pas autant de chèques et de traites que dans les autres pays, un fait qui rend indispensable une proportion de « monnaie » infiniment plus considérable que la nôtre.

A la vérité, on ne saurait faire une sérieuse objection au fait d'avoir exactement autant de monnaie frappée qu'il en faut, mais à la condition que ce soit de la monnaie honnête et non pas altérée.

Or, le seul moyen d'être sûr de cela, c'est d'acheter de l'or et de le transformer en « monnaie », et non d'acheter de l'argent dont la valeur future est douteuse, et dont l'achat a été jusqu'ici une spéculation malheureuse. Demandez au partisan d'une plus grande quantité de « monnaie », pourquoi l'or n'est pas — pour la nation — le meilleur métal que le gouvernement puisse acheter et frapper, — et voyez ce qu'il répondra. L'or est un produit américain, autant que l'argent. Nos mines fournissent plus de deux millions de dollars d'or chaque mois. Il ne pourrait faire aucune objection, sinon que la frappe de l'or ne servirait pas à maintenir les prix du produit qu'il veut vendre, c'est-à-dire de l'argent. Comment nierait-il que l'or procurerait à la nation une monnaie plus sûre ?

Il existe un autre plaidoyer en faveur de l'argent. Beaucoup d'hommes publics nous disent que la libre frappe est « dans l'air, », que les gens la désirent parce qu'ils croient qu'elle rendra l' « argent » bon marché, et que, l'argent ayant moins de valeur que l'or, leurs dettes pourront être payées aisément. Ici, laissez-moi attirer votre attention sur un point. Les épargnes et les biens des gens ne pourraient perdre ainsi de leur valeur que si l'étalon d'or baissait. Aussi longtemps que les billets du gouvernement seront maintenus égaux à l'or, comme ils le sont actuellement, nul changement n'est possible, quelle que soit la quantité d'argent achetée ou frappée par le gouvernement. C'est seulement après que la crise financière serait venue, après que l'étalon d'or aurait sombré dans le désastre, après que chaque dollar d'or aurait été retiré et mis en réserve en vue de primes élevées, qu'un changement, favorisant une classe ou une autre pourrait se produire. Si une personne s'imagine vaguement qu'elle retirerait une économie ou un bénéfice quelconque des troubles dans lesquels le gouvernement se trouverait plongé avec sa monnaie d'argent altérée et ses achats d'argent, je la prie de se souvenir que, pour que cette vaine espérance se réalisât, il faudrait d'abord que le gouvernement devînt incapable de maintenir le dollar d'argent égal à l'or, quand l'or disparaîtrait subitement et ferait prime. Un secrétaire du Trésor a sagement prédit le résultat :

Ce soudain retrait de 600.000.000 dollars d'or, avec la panique qui l'accompagnerait, causerait un malaise et des désastres commerciaux sans précédent dans l'histoire de l'humanité, et notre pays tomberait d'un seul coup à l'étalon d'argent, dès qu'il n'y aurait plus aucun encouragement à la frappe, et les dollars d'argent tomberaient à leur valeur en lingot.

L'homme qui tente d'amener ce désastre, dans l'espoir d'en tirer profit, est le frère de celui qui voudrait faire dérailler un train express dans l'espoir d'en piller le contenu, de celui qui chercherait à diriger le navire de l'État sur un rocher dans l'espoir de s'emparer d'une partie de la cargaison naufragée. C'est un pillard d'épaves et un spéculateur. Ses intérêts sont opposés aux intérêts des masses travailleuses. On nous répète constamment que la masse de la nation est favorable à la « libre frappe de l'argent », ou tout au moins aux présentes lois sur l'argent, parce qu'elle a reçu, d'une façon ou d'une autre, l'impression que plus on frappera d'argent, plus cela lui fournira de numéraire. Examinons ce point. Quand le gouvernement achète des lingots d'argent, il donne en échange ses propres billets ou ses dollars d'argent. Qui les reçoit ? Les propriétaires des lingots d'argent. Comment ces dollars peuvent-ils passer de leurs poches dans celles de la nation ? D'après ce que nous savons des propriétaires d'argent, nous ne pouvons nous attendre à ce qu'ils fassent cadeau à qui que ce soit, d'un grand nombre de leurs dollars. C'est seulement quand ils achèteront le travail ou les produits d'autres personnes, qu'ils leur donneront, pour 100 cents, ces dollars, qui ne leur en ont coûté que soixante-dix-huit. Donneront-ils plus de ces dollars à soixante-dix-huit cents qu'ils auraient à donner de dollars à 100 cents pour le même travail ou les mêmes produits ? Non, à moins que les efforts du gouvernement pour donner une valeur artificielle à l'argent n'échouent, que notre monnaie ne perde sa valeur, et qu'un dollar, pour les échanges, ne vaille plus qu'un demi-dollar. Calculés sur la valeur de l'or, ils auraient toujours moins de valeur qu'avant. Dans ces conditions, d'où les ouvriers et les cultivateurs peuvent-ils espérer un profit ? Ce sont les propriétaires d'argent qui, en donnant au gouvernement la valeur de soixante-dix-huit cents d'argent en lingot contre un dollar, auront un bénéfice. Assurément, cela est clair. Le dollar que le cultivateur ou l'ouvrier reçoit vaut un dollar, parce que le gouvernement a "réussi, au prix d'efforts considérables, à lui conserver cette valeur ; mais quand nous aurons la « libre frappe d'argent » le dollar d'argent devra tomber à sa valeur réelle de soixante-dix-huit cents, et le fermier et l'ouvrier seront volés. L'intérêt du cultivateur, de l'ouvrier d'usine, de l'homme de peine, de tous ceux qui reçoivent des gages exige que la « monnaie » qu'ils reçoivent ait la plus haute valeur possible et non la moindre, que par suite, elle soit en or, et non en argent. Jusqu'à ce jour, nous avons été attachés fermes à l'étalon d'or. Aujourd'hui, aux ÉtatsUnis, tout est basé sur l'or, parce que tous nos billets et toutes nos pièces d'argent ont conservé la valeur de l'or. Cette politique a-t-elle été bonne ou imprudente ? Serait-il sage d'abandonner l'étalon d'or auquel toutes les nations avancées tiennent si fort, surtout l'Angleterre, et d'adopter l'étalon d'argent comme nos voisines les Républiques Sud-Américaines ? Sur le roc solide de l'or, comme notre produit-base, nous avons construit le plus riche pays du monde, le plus grand pays agricole, manufacturier, minier et commercial qui existât jamais. Notre prospérité dépasse celle de toute nation sur lequel le soleil ait jamais brillé, Dans aucun pays les salaires du travail ne sont aussi élevés et le peuple n'est aussi à son aise. Abandonnerons-nous, ou même laisserons-nous compromettre l'étalon d'or ? Telle est la question posée aujourd'hui devant la nation américaine.

Le Evening-Post de New-York est un organe libre-échangiste. Pourtant, il a déclaré récemment qu'il voterait plutôt dix « Mac Kinley Bills » qu'un seul « Silver Bill, » tel que celui qui nous était proposé. Et moi, en ma qualité de républicain et de protectionniste, je vous déclare que je n'hésiterais pas a abandonner le « bill Mac Kinley » et à voter le « Mills Bill » si, en échange, je pouvais obtenir que le présent « Silver Bill » soit rappelé et que l'argent soit traité comme les autres métaux. Dans la prochaine campagne présidentielle, si j'ai le choix entre un candidat favorable à l'argent et protectionniste, et un candidat favorable à l'étalon d'or et libre-échangiste, je voterai et ferai campagne pour le dernier, parce que mon jugement me dit que le tarif fiscal lui-même n'a pas une importance moitié aussi grande pour le bien du pays, que le maintien du meilleur étalon monétaire.

Ne serait-il pas bien que vous écoutiez les hommes qui ont votre confiance et qui ont été amenés, par leur position officielle, à étudier à fond cette question d'argent ? Le président Harrison a la réputation bien établie d'être un homme très consciencieux. Il n'est pas riche ; il est même pauvre. Si une chose lui tient au coeur, c'est à coup sûr l'intérêt des simples travailleurs de son pays. Il a étudié ce sujet, et il nous déclare que la première conséquence d'un dollar d'argent « altéré » serait de voler l'homme pauvre qui le recevra en échange de ses produits ou de son travail. L'ex-président Cleveland, lui aussi, est un homme pauvre; ses sympathies sont avec les simples ouvriers, avec les masses. Il étudia la question, afin de prendre une décision ; et, bien que beaucoup de membres de son parti aient mené la croisade pour l'argent — temporairement je l'espère (Car, laissez-moi dire à l'honneur du parti démocratique que jusqu'ici, il a été le ferme soutien de la monnaie la plus avantageuse pour la nation) — M. Cleveland, dis-je, sentit qu'il devait dire la vérité et combattre la libre frappe de l'argent, parce qu'elle léserait les intérêts de la nation. Sa lettre récente prouve une fois de plus qu'il a les dons qui font les conducteurs d'hommes et qu'il a le courage de ses opinions, Il ne fait pas passer ses intérêts personnels avant le véritable bien-être des travailleurs qui l'ont élevé à la présidence. A côté de ces hommes, je citerai M. Manning. Jamais démocrate plus capable, plus brave, plus grand que lui n'administra les finances de ce pays. Les mêmes éloges s'adressent à M. Windom. Ces hommes étaient amis du peuple, si jamais le peuple eut des amis. Tous deux étudièrent avec soin la question d'argent, afin de la bien connaître et d'agir de façon à assurer le bien-être permanent de la nation. Tous deux se préoccupèrent sérieusement du danger de la « monnaie altérée » dont nous étions menacés, et ils s'efforcèrent d'empêcher les représentants du Congrès d'obliger le gouvernement à compromettre les intérêts du travailleur, lequel doit obtenir, en échange de son travail et de ses produits, la meilleure monnaie, ou bien être la proie des spéculateurs. Ces grands hommes, dont deux furent élevés par nos suffrages à la plus haute situation politique de la terre, avaient et ont encore à coeur de défendre les intérêts du peuple contre l'égoïsme de la minorité qui cherche à s'enrichir à ses dépens. Le fait que ces hommes qui ont été des adversaires politiques, soient d'accord sur cette question doit assurément donner à chaque cultivateur, artisan et travailleur des États-Unis, de graves raisons de croire que ce sont eux, et non les partisans de l'argent, qui sont ses plus sages conseillers.

Je terminerai en adressant un conseil à la nation. A moins que le gouvernement ne cesse de s'embarrasser chaque mois d'une nouvelle quantité d'argent, ou si la frappe libre de l'argent a des chances d'être adoptée, évitez l'argent. Pour vos économies, pour vos dépôts, choisissez l'or ; et demandez à la banque de vous donner un reçu pour de l'or. Les pauvres ne doivent courir aucun risque. Si vous ne vous hâtez d'agir ainsi, vous ne trouverez plus d'or disponible. Les spéculateurs et les hommes d'affaires prendront tout. C'est un fait bien significatif que aucune obligation, dont le paiement n'a pas été spécifié en or, ne peut aujourd'hui être vendu avec bénéfice. Il y a un danger en perspective. Quoi qu'il arrive, avec l'or vous pouvez dormir tranquille. L'argent donnera de mauvais rêves aux hommes prudents. Notre gouvernement peut faire beaucoup, car il est très puissant. Mais, il y a deux choses qu'il ne peut faire : 1° il ne peut — seul contre le monde entier — donner à l'argent, d'une façon permanente, une valeur supérieure à celle qu'il possède, dans le monde entier, comme métal, et c'est pourtant ce qu'il tente de faire ; 2° il ne peut abaisser la valeur de l'or. Peut-être aurez-vous, un jour ou l'autre, de bonnes raisons pour me remercier de l'avis que je vous ai donné. Je souhaite que non.

N'allez pas croire pourtant que je désespère de la République. Cela je ne le ferai jamais. Fussions-nous plongés au milieu des difficultés inhérentes à l'argent, nos affaires fussent-elles devenues aussi mauvaises que le sont aujourd'hui celles de la République Argentine, où un dollar d'or vaut deux dollars et demi de monnaie courante, il n'y aurait encore aucune raison de craindre le résultat final. Le bon sens de la nation, après quelque temps, rétablira la base de l'or et la République reprendra sa marche à la tête des nations. Mais l'expérience que nous aurons faite de l'argent coûtera cher, et il est préférable que la perte directe soit supportée, autant que possible, par la minorité des capitalistes, que par la masse de la nation. Les capitalistes doivent souffrir davantage, parce qu'ils savent mieux que d'autres, comment se défendre. Toutes ces pertes, la nation les éviterait, si, comme j'en ai la conviction, on pouvait seulement lui faire comprendre la question. Son intérêt, en effet, beaucoup plus que celui des gens riches, repose sur une monnaie honnête, et, pour éviter la crise qui nous menace, il suffirait qu'elle signifiât sa volonté à ses représentants.

L'argent, en raison des changements de valeur, est devenu le jouet du spéculateur. L'or avec sa valeur fixe et invariable, fut toujours, et ne fut jamais autant qu'aujourd'hui, le meilleur métal pour la sécurité des masses.

J'aurai perdu mon temps, si je ne vous ai pas fait comprendre pourquoi il en est ainsi et, si je ne vous ai pas décidé à faire entendre clairement à vos représentants au Congrès que, quoi qu'il arrive, la frappe de l'État doit être loyale, que la monnaie américaine doit avoir une valeur plus haute et plus sûre que toutes les autres monnaies du monde entier, qu'elle doit être au-dessus de toute suspicion ou doute, que, dans l'avenir comme dans le passé, elle doit avoir comme étalon monétaire, non pas l'argent à la valeur variable, mais l'or à la valeur immuable.

———————

1. Ce mot est pris ici dans le sens le plus général, celui de « monnaie » ou de « numéraire ». Quand il sera question du métal argent, le sens de la phrase l'indiquera suffisamment.
2. « The old lady » (vieille dame) est une expression familière pour désigner la Banque d'Angleterre.

LE TABOURET À TROIS PIEDS

Schéma du travail-universel. — La Triple-Alliance du Travail, du Capital et de l'Intelligence des affaires est nécessaire pour réussir. — Chacun de ces facteurs dépend des autres ; unis, ils sont invincibles.

Extrait du New-York Journal, 1900.

Toute entreprise industrielle nécessite l'association de trois éléments. Le premier, non par ordre d'importance, mais de date, c'est le capital. Sans lui rien de coûteux ne peut être édifié. C'est lui qui donne le premier souffle de vie à la matière jusque-là inerte.

Les bâtiments étant construits, équipés et prêts à donner l'hospitalité à n'importe quelle branche d'activité industrielle, le second associé entre en jeu. C'est l'Intelligence des affaires. Le Capital a terminé son rôle. Il a fourni tous les instruments de production. Mais, s'il ne peut s'assurer les services d'hommes intelligents pour diriger les affaires, tout ce qu'il a fait tombe en ruine.

Enfin, vient le troisième associé, le dernier dans l'ordre chronologique, mais non le moindre : le Travail. S'il ne joue pas son rôle, rien ne peut être accompli. Le Capital et l'Intelligence commerciale mis en oeuvre sans lui, sont comme morts. Les roues ne peuvent tourner si la main du Travail ne les met en marche.

On peut écrire des volumes pour savoir lequel des trois associés, est le premier, le second ou le troisième en importance. Cela ne changera rien à la question.

Des économistes, des philosophes spéculatifs et des prédicateurs ont exposé leurs vues sur le sujet, pendant des centaines d'années, mais la réponse n'a pas encore été trouvée, et elle ne le sera jamais, car chacun des trois a une importance absolue et est également indispensable aux deux autres.

Il n'y a pas de premier, de second ou de dernier. Il n'y a pas de préséance. Ils sont les membres égaux de la grande triple-alliance qui dirige le monde industriel. Au point de vue historique, le Travail existait avant le Capital et l'Intelligence, car quand « Adam piochait et qu'Eve filait », Adam n'avait point de capital, et, si l'on en juge par les événements qui suivirent, aucun d'eux n'était remarquablement doué du côté de l'Intelligence des affaires. Mais c'était avant le règne de l'*Industrialisme*, et avant que les énormes placements de capitaux fussent nécessaires.

De nos jours, le Capital, l'Intelligence et le Travail manuel sont les pieds d'un tabouret à trois pieds. Lorsque les trois pieds sont solides et d'aplomb, le tabouret tient debout ; mais que l'un des trois faiblisse et se casse, qu'on l'arrache ou qu'on le brise, voilà le tabouret à terre. Et il ne peut plus servir à rien tant que le troisième pied n'aura pas été réparé.

Le capitaliste, qui croit que le Capital est plus important que l'un ou l'autre des deux pieds, a donc tort. Le support de ces pieds lui est indispensable. Sans eux, ou seulement avec l'un d'eux, il s'écroule.

L'Intelligence se trompe quand elle croit que le pied qu'elle représente est le plus important. Sans les pieds du Capital et du Travail, elle est sans utilité.

Et enfin, n'oublions pas que le Travail se trompe aussi quand il prétend avoir plus d'importance que l'un ou l'autre pied. Cette idée a été dans le passé la source de beaucoup d'erreurs déplorables.

Tous trois sont les associés égaux d'un grand tout. Unis, ils font des merveilles ; séparés, aucun n'est de grande importance. Jusqu'ici, en dépit des différends qui les ont par malheur séparés de temps à autre, le siècle qui finit a été plus bienfaisant que tous ceux qui l'ont précédé. L'humanité, sur toute la surface du monde, est meilleure qu'elle ne l'a jamais été matériellement et moralement, et, j'ai la foi qu'elle est destinée à atteindre des régions plus élevées, sous les rapports matériel et moral que celles qu'ont rêvé pour elles les plus enthousiastes rêveurs.

Le Capital, l'Intelligence et le Travail doivent être unis. Celui qui cherche à semer la discorde entre eux est l'ennemi des trois.

(Extrait d'un discours prononcé en présence des ouvriers de Homestead, à l'occasion de l'ouverture de la Bibliothèque et du Club des ouvriers ouverts par M. Carnegie.)

ANDREW CARNEGIE

1835-1919

Andrew Carnegie est né à Dunfermline, en Écosse. Le récit de sa vie est des plus instructifs. Entré de bonne heure à l'école, il s'y maintint toujours à la tête de sa classe; mais il dut toutefois renoncer aux études, pour être initié aux affaires. Un parent dévoué se chargea de ce soin et fut pour Carnegie un véritable éducateur; inculquant dans sa jeune âme l'amour du bien et de la vérité, il lui apprit à haïr l'hypocrisie, et à exprimer librement son opinion. A douze ans, Carnegie suit ses parents aux Etats-Unis et se met au travail. On lui confie la surveillance d'une machine à vapeur, et un dollar et demi par semaine lui est alloué comme salaire. Dans sa jeunesse il rencontre un bienfaiteur, le général Anderson, d'Allegheny-Pittsburgh. Ce philanthrope possédait une bibliothèque de quatre cents volumes, gracieusement mise à la disposition des jeunes gens. Carnegie s'empressa d'en profiter, et nous dit avec quelle impatience il attendait le samedi, pour retirer un nouveau livre; cela nous explique pourquoi, à son tour, il a fondé de si magnifiques bibliothèques populaires. Plus tard Carnegie apprit la télégraphie, sous la direction de M. Reid, actuellement consul à Dunfermline. Jeune encore, il obtint un emploi dans les chemins de fer de l'Ouest de la Pensylvanie. C'est à cette époque qu'il entrevit les ressources considérables que pouvait offrir la fabrication du fer et de l'acier, et c'est effectivement dans cette industrie que Carnegie sut se créer, dans la suite, une position si éminente.

Copyright © 2021 par FV Éditions
Design de la couverture: Canva.com - FVE
ISBN Ebook 979-10-299-1310-5
ISBN Livre Broché 979-10-299-1311-2
Tous Droits Réservés

Également Disponible